# Cuando Estoy Triste
# When I Am Gloomy

Sam Sagolski
Ilustrado por Daria Smyslova

www.kidkiddos.com
Copyright ©2025 by KidKiddos Books Ltd.
support@kidkiddos.com

All rights reserved. No part of this book may be reproduced in any form or by any electronic or mechanical means, including information storage and retrieval systems, without written permission from the publisher, except in the case of a reviewer, who may quote brief passages embodied in critical articles or in a review.
First edition, 2025

Translated from English by Cilia Khoudari
*Traducido del inglés por Cilia Khoudari*

**Library and Archives Canada Cataloguing in Publication**
When I Am Gloomy (Spanish English Bilingual edition)/Shelley Admont
ISBN: 978-1-83416-796-1 paperback
ISBN: 978-1-83416-797-8 hardcover
ISBN: 978-1-83416-795-4 eBook

Please note that the Spanish and English versions of the story have been written to be as close as possible. However, in some cases they differ in order to accommodate nuances and fluidity of each language.

*Era una mañana nublada y me desperté triste.*

One cloudy morning, I woke up feeling gloomy.

*Me levanté de la cama, me envolví en mi manta y caminé hacia la sala.*

I got out of bed, wrapped myself in my favorite blanket, and walked into the living room.

*"¡Mami!" llamé. "Estoy de mal humor."*
"Mommy!" I called. "I'm in a bad mood."

*Mamá apartó la mirada de su libro. "¿De mal humor? ¿Por qué dices eso, cariño?" preguntó.*
Mom looked up from her book. "Bad? Why do you say that, darling?" she asked.

*"¡Mira mi cara!" dije, señalando mis cejas fruncidas. Mamá sonrió suavemente.*
"Look at my face!" I said, pointing to my furrowed brows. Mom smiled gently.

*"No tengo una cara feliz hoy," murmuré. "¿Todavía me amas, aunque esté triste?"*
"I don't have a happy face today," I mumbled. "Do you still love me when I'm gloomy?"

*"Por supuesto que sí," dijo mamá. "Cuando estás triste, solo quiero estar cerca de ti, darte un abrazo grande y animarte."*

"Of course I do," Mom said. "When you're gloomy, I want to be close to you, give you a big hug, and cheer you up."

*Eso me hizo sentir un poco mejor, pero solo por un segundo, porque luego empecé a pensar en todos mis otros estados de ánimo.*

That made me feel a little better, but only for a second, because then I started thinking about all my other moods.

*"¿Y si estoy enojada? ¿Todavía me amas?"*
"So... do you still love me when I'm angry?"

*Mamá sonrió de nuevo. "¡Por supuesto que sí!"*
Mom smiled again. "Of course I do!"

*"¿Estás segura?" pregunté, cruzando los brazos.*
"Are you sure?" I asked, crossing my arms.

*"Incluso cuando estás enojada, sigo siendo tu mamá. Y te sigo amando igual."*

"Even when you're mad, I'm still your mom. And I love you just the same."

*Tomé una bocanada de aire, "¿Y qué pasa cuando estoy tímida?"*
I took a big breath. "What about when I'm shy?" I whispered.

*"También te amo cuando eres tímida," dijo ella. "¿Recuerdas cuando te escondiste detrás de mí y no querías hablar con el vecino nuevo?"*
"I love you when you're shy too," she said. "Remember when you hid behind me and didn't want to talk to the new neighbor?"

*Asentí. Lo recordaba muy bien.*
I nodded. I remembered it well.

*"Y luego lo saludaste y te hiciste un amigo nuevo. Estaba tan orgullosa de ti."*

"And then you said hello and made a new friend. I was so proud of you."

"¿También me amas cuando hago muchas preguntas?" continué.

"Do you still love me when I ask too many questions?" I continued.

"Cuando haces muchas preguntas, como ahora, te veo aprender cosas nuevas y volverte más inteligente y fuerte cada día," respondió Mamá. "Y sí, todavía te amo."

"When you ask a lot of questions, like now, I get to watch you learn new things that make you smarter and stronger every day," Mom answered. "And yes, I still love you."

"*¿Qué pasa si no tengo ganas de hablar en absoluto?*" *seguí preguntando.*

"What if I don't feel like talking at all?" I continued asking.

"*Ven aquí,*" *dijo ella. Me subí a su regazo y apoyé mi cabeza en su hombro.*

"Come here," she said. I climbed into her lap and rested my head on her shoulder.

*"Cuando no tienes ganas de hablar y solo quieres estar en silencio, empiezas a usar tu imaginación. Me encanta ver lo que creas," respondió Mamá.*

"When you don't feel like talking and just want to be quiet, you start using your imagination. I love seeing what you create," Mom answered.

*Luego susurró en mi oído, "Te amo cuando estás en silencio también."*

Then she whispered in my ear, "I love you when you're quiet too."

"¿*Pero todavía me amas cuando tengo miedo?*" *pregunté.*
"But do you still love me when I'm afraid?" I asked.

"*Siempre,*" *dijo Mamá.* "*Cuando tienes miedo, te ayudo a revisar que no haya monstruos debajo de la cama o en el armario.*"

"Always," said Mom. "When you're scared, I help you check that there are no monsters under the bed or in the closet."

**Me dio un beso en la frente. "Eres muy valiente, mi cielo."**

She kissed me on the forehead. "You are so brave, my sweetheart."

"*Y cuando estás cansada,*" agregó suavemente, "*te arropo con tu manta, te traigo tu oso de peluche y te canto nuestra canción especial.*"

"And when you're tired," she added softly, "I cover you with your blanket, bring you your teddy bear, and sing you our special song."

*"¿Y si tengo mucha energía?" pregunté, levantándome de un salto.*

"What if I have too much energy?" I asked, jumping to my feet.

*Ella se rió. "Cuando estás llena de energía, vamos a andar en bicicleta, a saltar la cuerda o a correr juntas afuera. ¡Me encanta hacer todas esas cosas contigo!"*

She laughed. "When you're full of energy, we go biking, skip rope, or run around outside together. I love doing all those things with you!"

*¿Pero todavía me amas cuando no quiero comer brócoli?" saqué la lengua.*

"But do you love me when I don't want to eat broccoli?" I stuck out my tongue.

*Mamá se rió a carcajadas. "¿Cómo la vez que le diste tu brócoli a Max a escondidas? A él le gustó mucho."*

Mom chuckled. "Like that time you slipped your broccoli to Max? He liked it a lot."

*"¿Lo viste?" pregunté.*
"You saw that?" I asked.

*"Claro que sí. Y aun así, te amo, incluso en esos momentos."*
"Of course I did. And I still love you, even then."

*Me quedé pensando por un momento y luego hice una última pregunta:*

I thought for a moment, then asked one last question:

*"Mami, si me amas cuando estoy triste o enojada... ¿todavía me amas cuando estoy feliz?"*

"Mommy, if you love me when I'm gloomy or mad... do you still love me when I'm happy?"

*"Oh, cielo," dijo abrazándome de nuevo, "cuando estás feliz, yo también soy feliz."*

"Oh, sweetheart," she said, hugging me again, "when you're happy, I'm happy too."

*Me dio un beso en la frente y agregó, "Te amo cuando estás feliz igual que cuando estás triste, enojada, tímida o cansada."*

She kissed me on the forehead and added, "I love you when you're happy just as much as I love you when you're sad, or mad, or shy, or tired."

*Me acurruqué con ella y sonreí. "¿Entonces... me amas todo el tiempo?" pregunté.*

I snuggled close and smiled. "So... you love me all the time?" I asked.

*"Todo el tiempo," dijo ella. "Cada estado de ánimo, cada día, siempre te amo."*

"All the time," she said. "Every mood, every day, I love you always."

*Mientras hablaba, empecé a sentir algo cálido en mi corazón.*

As she spoke, I started feeling something warm in my heart.

*Miré hacia afuera y vi las nubes alejándose. El cielo se estaba volviendo azul y salió el sol.*

I looked outside and saw the clouds floating away. The sky was turning blue, and the sun came out.

*Parecía que iba a ser un hermoso día después de todo.*

It looked like it was going to be a beautiful day after all.

www.ingramcontent.com/pod-product-compliance
Lightning Source LLC
LaVergne TN
LVHW072112060526
838200LV00061B/4868